KB128097

WHAT?

삶의 의미를 건져 올리는 궁극의 질문

WHAT? by Mark Kurlansky

Copyright © 2011 by Mark Kurlansky
This translation published by arrangement with Bloomsbury USA,
a division of Diana Publishing, Inc..
All rights reserved.

Korean translation copyright © 2013 by RH Korea Co., Ltd.
Korean translation rights arranged with Bloomsbury USA
through EYA(Eric Yang Agency).

이 책의 한국어판 저작권은 EYA(Eric Yang Agency)를 통해
Bloomsbury USA와 독점계약한 '㈜알에이치코리아'에 있습니다.
저작권법에 의하여 한국 내에서 보호를 받는 저작물이므로
무단전재와 무단복제를 금합니다.

마크 쿨란스키
Mark Kurlansky

글 · 판화

박중서 옮김

무엇

WHAT

?

알에이치코리아

일러두기

이 책에 나오는 모든 각주는 옮긴이가 독자의 이해를 돕기 위해 붙인 것이다.

이름 모를 여성에게
이 책을 바칠까?

아니면

이름 모를 남성에게
이 책을 바칠까?

**이것은
무슨
말일까?**

Sie sind so jung, so vor allem Anfang, und ich möchte Sie, so gut es ich kann, bitten, lieber Herr, Geduld zu haben gegen alles Ungelöste in Ihrem Herzen und zu versuchen, *die Fragen selbst* liebzuhaben wie verschlossene Stuben und wie Bücher, die in einer sehr fremden Sprache geschrieben sind. Forschen Sie jetzt nicht nach den Antworten, die Ihnen nicht gegeben werden können, weil Sie sie nicht leben könnten. Und es handelt sich darum, alles zu leben. *Leben Sie* jetzt die Fragen. Vielleicht leben Sie dann allmählich, ohne es zu merken, eines fernen Tages in die Antwort hinein.

– Rainer Maria Rilke, *Briefe an einen jungen Dichter*

"안에서는 무슨 일이 일어나고 있을까?"

이 책 속에는
무엇이 있을까?

이것은 인류 역사상

가장 중요한 20가지 질문일까,

아니면

단순히

차 례일 뿐일까 **?**

무엇

WHAT

?

첫 번째 질문 Question One

1

어떻게
시작할까 **?**
■ **How to Begin?**

"이 책은 답변일까, 아니면 질문일까?"

수많은 고전을 펼쳐 보면서 그중 질문으로 시작되는 책이 몇 권이나 되는지 생각해본 적이 있는가? 그런 책은 찾아보기가 어렵지 않은가? 자본주의의 성서로 여겨지는 애덤 스미스의 18세기 저작『국부론The Wealth of Nations』도, 역시 공산주의의 성서인 칼 마르크스의 19세기 저작『자본론Capital』도, 심지어 진짜 성서조차도 질문으로 시작되지 않는다는 사실은 우리에게 무엇을 말해주는가? 질문으로 시작하지 않는다면 우리는 어떻게 답변을 찾아낼 수 있는가?

"아무도 질문을 던지지 않았다고 한다면 과연 무엇이 질문이 되겠는가?" 거트루드 스타인은 이렇게 가정하지 않았는가? 답변을 얻으려면 질문이 필요하지 않은가? 질문도 없는데 나온 답변은 불신해야 마땅하지 않은가? 질문도 없는데 나온 답변이라면, 이는 알베르 카뮈가 정의한 '부적charm'처럼 "명료한 질문을 받지도 않은 상황에서 긍정의 답변을 얻는 것"이 아닌가?

문학은 실제로 질문이 부족한 것인가, 아니면 단지 우리가 질문을 제대로 알아보지 못하는 것인가? 우리가 '물음표'를 사용하는 이유는 물음표가 없으면 눈앞에 있는 질문을 뻔히 보고서도 질문인지 아닌지 제대로 알아보지 못하기 때문인가? 거트루드 스타인은 다음과 같이 질문하면서 이에 동의하지 않았는가? "질문은 누가 봐도 질문인데, 어떤 질문을 보는 순간에 그게 질문이라는 걸 누구나 알 수 있다고 하면, 이미 그 글 안에 질문이 들어 있는데도, 즉 질문이 이미 거기 있는데도 왜 굳이 거기에 물음표를 붙이는 것일까?" 내가 느낌표에 대해 항상 느껴왔던 감정도 이런 것이 아닌가!?

우리는 왜 책을 읽는가? 버지니아 울프가『제이콥의 방Jacob's Room』에서 물었던 것처럼 "왜 우리는 수백만 페이지를 샅샅이 뒤지는가?" 비록 질문을 제기하는 책은 소수에 불과하지만 세상 모든 책은 답변을 의도하고 쓴 것이라고 주장할 수도 있지 않을까? 늑대가 떼 지어 사냥에 나서고 거대한 고래가 계절에 따라 이동하는 것처럼, 답변을 찾는 것 역시 인간의 본성이 아닐까? 답변을 얻기 위해서라면 우리는 질문을 할 필요가 있지 않을까? 사람이라면 누구나 불확실성에 대해 숙고해보지도 않은 상태에서 뭔가를 '말해주려고' 애쓰지 않는가?

"왜 우리는 우주와 맺은 원래의 관계를 만끽해서는 안 되는 것일까?" 랠프 왈도 에머슨이 1841년에 쓴 에세이『자연Nature』의 첫머리에 등장하는 이 질문이 우리에게 제시하는 도전은 무엇인가? 그런 원래의 관계로 돌아가려 한다면, 우리는 이전에도 물어본 적이 있었던 그 모든 훌륭한 질문들을 다시 한 번 물어봐야 하지 않을까?

어째서 에머슨은 다음과 같이 물어보았을까? "왜

우리는 전통에서가 아니라 통찰에서 비롯된 시와 철학을, 그리고 타인의 역사가 아닌 우리에게 계시된 종교를 가져서는 안 되는 것일까?" 이처럼 새롭고도 독창적인 사고방식은 그와 같이 훌륭한 질문들을 던질 수 있는 대단한 능력을 필요로 하는가?

우리는 왜 여기 있는가? 이 모든 것은 왜 여기 있는가? 우리는 왜 죽는가? 죽음이란 무엇인가? 우주 공간이 무한하다는 것은 무슨 뜻이며, 무한 너머에는 무엇이 있는가? 겨울과 봄의 의미는 무엇인가? 새의 비행에는 무슨 의미가 있으며, 부패腐敗가 왜 중요하며, 우리의 삶은 모기의 삶과 다른가? 이런 질문들에는 목적이 있는가, 아니면 질문하기 역시 우주만큼이나 무한한가? 우리의 질문 실력은 이 과제에 부응하는가, 아니면 우리보다 앞서 갔던 더 훌륭한 질문자들에게 의존해야 하는가?

플라톤이 자신의 책을 질문으로 시작하는 보기 드문 사상가인 이유는 무엇인가? 가령 그의 『법률Laws』 같은 책 첫머리에서부터 이런 질문과 마주치게 되면 정말로 머리가 아찔해지지 않는가? "말해보시오, 이방

인이여, 당신네 법률에서는 어떤 신 또는 어떤 사람을 그 저자로 간주합니까?" 이런 질문은 정부와 법률에 관한, 그 목적과 권한과 올바른 경계에 관한 광범위한 논의로 이어지지 않는가?

위대한 사상가들로 불리는 저술가들에게서 우리가 기억할 점은 무엇인가? 훌륭한 질문을 던지는 것, 그리고 그들이 던지는 질문의 수준, 이 두 가지가 그들을 남다르게 만들어주지 않는가? 훌륭한 질문을 던지지 않은 위대한 저술가들도 있긴 하지만 과연 그들이 위대한 사상가들로 여겨지는가?

두 번째 질문 Question Two

2

얼마나
많을까 **?**
■ How Many?

"왜 나는 북두칠성밖에는 발견할 수 없는가?"

　　　　　　　　　　최초의 질문은 무엇이었
을까? 혹시 이런 것은 아니었을까?

"먹을 것이 어디 있지?"

만일 그렇다고 한다면 어떤 면에서는 결국 '어디
where?'가 최초의 질문이었다는 뜻이 아닌가? 신입 기
자들이 배우는 첫 번째 원칙도 혹시 여기서 비롯된 것
일까? '누가? 무엇을? 언제? 어디서? 왜? 어떻게?' 그
들은 이 여섯 가지 질문에 대한 답변만 있으면 완벽한
이야기가 만들어진다고 진짜로 믿는 걸까? 그렇다면
질문은 단지 이 여섯 가지뿐이고, 나머지는 모두 그

변형일까?

아니면 다른 질문들, 즉 이보다 더 복잡한 질문이나 답변에 관한 합의가 전혀 없는 질문들, 또는 답변이 너무 심란하기 때문에 이를 피하려는 방책으로 계속 질문만 하게 만드는 질문들도 있는가? 프랑스의 귀족 알렉시 샤를 앙리 클레렐 드 토크빌Alexis-Charles-Henri Clérel de Tocqueville(그의 이름이 너무 긴 것을 보면 그의 부모는 이 가운데 어떤 것을 고를지 마음을 정할 수 없었던 게 아니었을까?)*이 1830년대에 미국 민주주의의 강점과 약점을 분석했을 때 던진 미국에 대한 거시적인 질문도 그런 것이 아니었을까?

"봉건제를 파괴하고 왕을 끌어내린 이후에 등장한 민주주의가, 부르주아와 부자들의 앞에서 물러날 것이라는 사실을 믿을 수 있는가?"

그로부터 거의 2세기 후 미국의 민주주의에서 이

- 프랑스의 정치가, 역사가, 정치사상가, 사회학자. 저작으로는 『미국의 민주주의』, 『1848년 혁명에 대한 회고』, 『구체제와 프랑스 혁명』 등이 있다.

질문은 누구도 열어보고 싶어 하지 않는 수상한 꾸러미처럼 여전히 남아 있지 않은가? 토크빌의 심란한 질문들 가운데 과연 몇 가지가 답변을 얻었는가? 정말 훌륭한 질문들 중에서 실제로 답변을 얻는 것은 몇 개나 되는가? 아니면 답변을 얻는 것보다는 질문을 던지는 게 더 중요한가?

세 번째 질문 Question Three

3

어떻게**?**
■ How?

"나는 꿀벌과 어떻게 다른가?"

절대적 확실성이 결여된
것처럼 보이는 세계에서 우리는 어떻게 선언적 진술*
을 할 수 있을까? 어느 날엔가 우리는 제인 오스틴의
소설 『이성과 감성Sense and Sensibility』에서 브랜든 대령이
던진 것과 같은 질문을 하게 되는 건 아닐까? "내가 옳
다는 사실을 확신하기 위해 이렇게 많은 시간을 들였

• "declarative sentence." 보통 '평서문', '진술문'으로 옮기지만 이
  책에서는 question(질문)과 declaration(선언)의 차이를 계속해서
  강조하는 저자의 의도를 고려해 '선언적 진술'로 옮겼다.

으니, 이제는 내가 틀렸을지도 모른다고 두려워할 이유가 없는 걸까?"

우리는 어떻게 확실히 안다고 할 수 있는가? 우리의 믿음, 우리의 견해조차도 변하기 마련이며 이런 것들은 마르셀 프루스트의 말마따나 "바다처럼 영원히 유동적"이지 않은가? 프루스트가 썼듯이 "우리의 모든 결심은 일관성을 유지하지 못하는 마음 상태에서 만들어진 것"이 아닌가? 아니면 이렇게 생각하는 내가 완전히 틀린 것인가? 이것이야말로 우리가 종종 잊어버리고 묻지 않는 질문이지 않은가?

우리는 오로지 질문할 때만 확고한 근거 위에 서지 않는가? 그런데도 우리는 질문보다 진술을 더 많이 하지 않는가? 우리가 확실성을 발견할 수 없었던 것도 결국 그래서인가?

17세기 프랑스의 철학자 르네 데카르트가 『방법서설Discourse on Method』에서 자기 존재에 대해 질문하면서 탐구하던 게 바로 이것일까? 만일 우리가 어떤 것도 확실하게 알 수 없다면 우리는 우리가 존재한다는 것을 어떻게 알 수 있을까? 데카르트의 결론인 'cogito,

ergo sum', 즉 '나는 생각한다, 고로 나는 존재한다'
는 이 질문에 답변하려는 시도가 아니었을까? 그 답변
은 결국 질문하는 행위 자체야말로 우리의 존재를 입
증하는 증거로 충분하다는 게 아닐까?

물론 자신의 존재를 입증하지 못한다고 해도 어쨌
거나 우리는 존재하지 않는가? 하지만 단지 그런 증거
를 얻기 위해서라도 질문을 던지는 편이 더 낫지 않을
까? 아니면 오히려 질문을 던지지 않는 사람들이야말
로 자기들이 존재하는지 존재하지 않는지에 대해 걱
정할 가능성이 적을 수 있지 않을까?

네 번째 질문 Question Four

4

왜 **?** ■Why?

"왜 나는 혼자가 아니라고 생각하는가?"

19세기에 프리드리히 니체는 매우 새로운 개념을 제시하면서 다음과 같이 묻지 않았던가?

"나는 왜 이토록 현명한가?"

혹시 이 질문도 데카르트가 던진 질문과 똑같은 것일까? 단지 프랑스식이 아니라 독일식으로 물어봤던 것뿐일까? 아니면 단순히 데카르트가 17세기에 던졌던 질문의 19세기 버전에 불과할까? 그렇다면 데카르트는 얼마나 프랑스적이었는가? 그의 중요한 저술은 왜 그가 네덜란드에 정착한 이후에야 나왔을까? 네덜

란드가 그를 그렇게 만들었을까? 그렇다면 다시 니체로 돌아가서, 왜 독일에서 태어난 니체는 자기가 사실은 폴란드인이라고 주장했을까?

니체는 자기 질문에 대한 답변을 얻은 적이 있을까? 그런 적이 없었다면 그것이야말로 그가 '그토록 현명했던' 이유가 아닐까? 니체는 자기가 답변한 것보다도 더 많은 질문을 던지지 않았는가? 그는 자서전 『이 사람을 보라Ecce Homo』에서 먼저 자기가 누구인지 물어보지 않았던가? 그런데도 그가 이 질문에 실제로는 대답하지 않았다는 사실을 고려해보면 이 책은 정말로 그의 자서전일까?

니체가 던진 또 한 가지 질문 "나는 왜 이토록 어려운가?"는 여러 가지 의미로 해석되는데, 그 모두가 진실은 아닐 수 있지 않을까? 그의 성姓에서 자음과 모음의 비율이 2 대 1이라는 사실, 그리고 다섯 개의 자음이 연이어 배열되어 있다는 사실이 니체를 어려운 사상가로 만든 것일까? 아니면 그건 단지 그의 이름 철자를 대는 것을 어렵게 만든 원인일 뿐일까?

니체가 질문을 그토록 많이 던지고 답변을 그토록

적게 내놓은 것은 그가 철학자이기 때문일까? 철학과 종교는 모두 질문을 던지는 방법인 걸까? 아니면 이 둘은 서로 반대되는 방법일까? 철학자였던 니체는 왜 그토록 종교를 싫어했을까? 그는 종교의 질문을 싫어했던 것일까, 아니면 종교가 내놓은 답변에 경멸을 느낀 것일까? 그가 "하느님은 조잡한 답변이다"라고 쓴 이유도 바로 그 때문일까? 나아가 왜 그는 하느님을 가리켜 "우리 사상가들에게는 거슬리는 상스러운 물건이다. 근본적으로 우리에게는 조잡한 금기이기까지 하다. 너희는 생각하지 말라!"* 라고 말한 것일까?

유한한 답변을 가진 사람이 무한한 질문을 가질 수 있을까? 니체는 왜 다음과 같이 물어본 걸까? "스스로 잘 차려입었음을 아는 여자가 감기에 걸린 적이 있었는가?" 왜 그토록 많은 질문을 던진 남자가, 자신은 답변을 원하지 않는다고 주장했을까? 그는 왜 "이 세상에

---

*   "신이란 하나의 조야한 대답이며, 우리 사유가들의 구미에는 맞지 않는다. 심지어 그것은 본질적으로는 우리에게 조야한 금지를 하는 것일 뿐이다. '너희는 생각해서는 안 된다!'는 금지를 말이다." 『이 사람을 보라』(백승영 옮김, 니체 전집 15, 책세상, 2002), 350쪽.

는 내가 알고 싶지 않은 것들이 아주 많다"고 말했을까?

히틀러가 니체를 읽었다고 주장한 것에 대해 대부분의 역사학자는 그가 거짓말을 했다고 결론을 내렸지만, 리처드 닉슨은 (자기가 니체를 읽었다는 사실에 대해) 진실을 말한 것으로 여겨졌는데 이런 사실은 특별한 의미가 있는가?

왜 니체는 이런 질문을 계속했던 것일까? "내 말이 이해되었는가?" 하느님과 종교와 도덕을 거부하는(그의 말마따나 "망치를 가지고 철학을 하는") 사상가라면 자칫 누군가에게 오용되기도 쉽다는 사실을 알았기 때문일까? 그는 "언젠가는 내 이름에 뭔가 두려운 기억이 수반될 것이다. 이전까지는 지상에 없었던 어떤 재난에 관한 기억이나 가장 심원한 양심의 충돌에 관한 기억이"*라고 쓰면서 히틀러와 나치의 홀로코스트가 자신의 저술을 연상시키리라는 사실을 예견했던 것일까?

●   "언젠가는 내 이름에 어떤 엄청난 것에 대한 회상이 접목될 것이다. 지상에서의 전대미문의 위기에 대한, 양심의 비할 바 없이 깊은 충돌에 대한." 같은 책, 456쪽.

그런데 이런 연상은 공정한 일인가? 이오시프 스탈린 때문에 칼 마르크스가 비난을 받아야 마땅한가? 악질 자본가의 대명사인 '강도 귀족'* 때문에 애덤 스미스가 비난을 받아야 하는가? 조지 W. 부시에 대한 책임을 조지 워싱턴에게 돌릴 수 있는가? 만일 누군가가 이 책을 읽고 나서부터 모든 대화를 오로지 질문으로만 하고 정작 답변은 전혀 제공하지 않아 주위 사람들을 미치기 일보 직전까지 몰아붙인다면, 그게 과연 내 잘못일까? 누군가가 어떤 사상을 오용한다고 해서 그 사상을 비난할 수 있을까? 잘못된 답변이 나왔다고 해서 그 질문을 비난할 수 있을까?

만일 질문을 던지는 것이 중요하다면 그 질문에 답변하는 것도 마찬가지로 중요하지 않을까? 질문하는 것도 그 나름의 가치를 갖고 있지 않을까? 하지만 물어봐서는 안 되는 질문도 있는 것일까? 그런 질문이

---

* 원래는 신성로마제국 시대에 부정부패를 일삼던 영주들을 부르던 말로, 19세기 후반 철도회사와 자본가들이 노골적인 비리와 범죄를 통해 부를 축적했던 시기에 다시 등장했다.

나온다면 우리는 거기에 항상 답변을 내놓아야 할까?

한 예로 결혼이야말로 때로는 질문을 던지지 말아야 마땅한, 또는 최소한 질문에 답변하지 말아야 하는 것이 아닐까? 1942년 작 영화 「카사블랑카」에서 폴 헌레이드가 아내인 잉그리드 버그먼에게 "여보, 내가 강제수용소에 있는 동안 외로웠지?"라고 물어봤을 때, 이것이야말로 물어보지 말아야 할 질문의 유형을 보여주는 탁월한 사례가 아닐까?•

19세기 독일의 철학자 아르투르 쇼펜하우어는 우리의 질문에 전혀 답변하지 않는 것처럼 보이는 자연을 어떻게 설명했는가? "자연이 답변에 실패하는 까닭은, 다름이 아니라 우리가 잘못된 질문을 던져서가 아닐까?" 어떤 질문은 답변되지 않은 채로 남는 이유도

• 제2차 세계대전 중에 일자(잉그리드 버그먼)는 레지스탕스인 남편 빅터(폴 헌레이드)가 수용소에서 죽었다고 믿은 나머지 리처드(험프리 보가트)를 만나 사랑을 나누지만, 뒤늦게 남편의 생존 소식을 듣고는 리처드에게 일방적으로 결별을 통보해 상처를 남긴다. 훗날 일자와 빅터가 미국 망명의 최후 관문인 카사블랑카를 찾아와 그곳의 실력자인 리처드에게 도움을 요청하자, 리처드는 옛 연인을 도로 빼앗을지 그냥 보내줄지를 놓고 고민에 빠진다.

과연 그래서일까?

질문은 항상 답변을 찾아야 하는 것일까? 때때로 작가들은 이미 생각하고 있는 답변을 독자가 직접 찾아 나서도록 가장 뻔한 질문을 던지지 않는가? 훌륭한 질문자인 장 자크 루소가 다음과 같이 물었을 때 그가 한 일도 결국 그것이 아닌가? "지하 감옥에는 평화가 있지만 단지 그런 사실 때문에 지하 감옥이 바람직하다고 여겨질 수 있을까?" 1831년에 서인도제도 출신의 매리 프린스라는 여성 노예가 노예제도에 대한 자기 생각을 구술해서 간행했을 때, 다시 말해 노예제도에 관한 노예의 생각을 잉글랜드 사람들에게 들려주었을 때 그녀가 한 일도 결국 그것이 아닌가? 그녀가 노예제도에 관한 자신의 판단에 아무런 의심도 품지 않았다면 그녀는 왜 다음과 같은 질문을 던졌을까?

어떻게 노예가 행복할 수 있단 말인가? 목에는 밧줄이 묶이고 등에는 채찍이 내려치는데도? 치욕을 당하고 기껏해야 짐승으로밖에는 여겨지지 않는데도? 마치 팔려나가는 가축처럼 나의 어머니와 남편과 아이와 자매와 갈라져야 하는데도? 나의 아내나 누이나 아이를 끌고 가서 그토록 치욕스러운 태도로 옷을 벗기고 채찍질을 가하는 것이, 들판에 나온 노예 감독에게는 즐거운 놀이가 되는데도?

이런 질문에 독자가 뭔가 답변을 하려고 시도한다면 과연 무슨 일이 일어날까? 글자라고는 하나도 쓸 줄 몰랐지만, 그녀는 질문을 어떻게 사용해야 하는지 아주 잘 이해하고 있었을 뿐 아니라 심지어 '왜'라는 말의 힘도 이해했던 게 아닐까?

왜 노예제도라는 관념에 대항할 때마다 '왜'라는 말이 자주 사용되는 것일까? 19세기 아이티의 시인 마시용 쿠아쿠Massillon Coicou가 「노예의 탄식The Slave's Lament」이라는 시에서 물어본 것처럼 '왜'라는 말은 꽤나 아이러니할 수도 있지 않은가? "나는 왜 검둥이인가? 오, 나는 왜 검은가?" 하지만 매리 프린스가 보여준 것처럼, 그리고 20세기 과달루페의 시인 기 티롤리앙Guy Tirolien이 「게토Ghetto」라는 시에서 말한 것처럼 '왜'는 또한 대담한 수사적 표현일 수도 있지 않은가?

51

그들이 내게 붙여놓은

그 이미지에

왜 내가 구속되어야 한다는 걸까?

다섯 번째 질문 Question Five

5

무엇**?**
■ **What?**

"내가 이 그림보다 더 이해하기 쉬운가?"

어떤 질문이 맨 처음에
오는지를 아는 것보다 더 중요한 일은 어떤 질문이 맨
나중에 오는지, 즉 궁극적인 질문이 무엇인지 아는 것
이라는 말은 과연 맞는 말일까? 만일 '누구'를 따지는
사람들이 험담하는 사람들이고, '언제'를 따지는 사람
들이 조급한 사람들이고, '왜'를 따지는 사람들이 몽상
가들이고, '어디'를 따지는 사람들이 길을 잃은 사람들
이고, '어떻게'를 따지는 사람들이 실용주의자들이라
면 '무엇'을 따지는 사람들은 사물의 핵심을 뚫고 들
어가는 사람들인 걸까?

지금 이런 이야기를 하는 나는 무엇일까? 이 책은 무엇일까? 책이란 무엇일까? '글쓰기란 무엇인가?'라는 질문이야말로 자신은 왜 글을 쓰는지 물어봤던 조지 오웰의 질문보다 더 근본적인 질문이 아닐까? 보통은 '무엇'이 '왜'보다 우위에 서지 않는가?

　지적 추구의 핵심에는 무엇이 놓여 있는가? 바로 '무엇'일까? 만일 그렇다고 한다면 이 문단의 첫 번째 문장은 질문이 아닌 진술로 읽혀야 하지 않을까? 어떤 사람은 '왜'가 과학의 근본 질문이라고 말할 수도 있겠지만 과학에서 '왜'라는 것은 단지 과학의 진정한 목표인 '무엇'에 대한 답변으로 나아가는 가설에 불과하지 않은가?

　마찬가지로 역사는 외관상 '언제'에 관한 내용인 듯 보이지만 궁극적으로는 '무엇'에 관한 내용이 아닌가? 역사학자 마거릿 맥밀런의 말마따나 "과거에 관한 이야기에서 환원 불가능한 핵심"에 관한 질문이 곧 "무엇의(무슨) 순서로 무엇이 일어났는가?"라는 것이라면 이는 결국 우리가 '무엇'을 알고 싶다는 의미가 아닐까?

마커스 가비는 흑인의 역사와 이미지가 완전히 바뀌기를 바라면서 자신이 쓴 에세이의 제목을 「흑인은 누구이고 또 무엇인가?Who and What is a Negro?」로 하지 않았던가? 이는 곧 한 혁명가의 손에 들린 '누구' 또한 '무엇'으로 귀결된다는 의미일까?

당신은 시인이야말로 '왜'를 따지는 사람이라고 생각하지 않는가? 그렇다면 위대한 에스파냐의 시인 페데리코 가르시아 로르카는 왜 그토록 만성적으로 '무엇'을 따졌을까? 왜 그의 문장 처음에는 에스파냐어 '케qué(무엇)'가 계속해서 등장했을까? 그가 쓴 시에서 "궁금하다. 잉크와 종이와 시는 무슨(무엇) 소용이 있단 말인가?"와 같은 질문은 사실 시인의 근본적인 질문이 아니었을까? 죽어가는 개미 한 마리가 "나는 별들을 보았다"라고 슬프게 선언할 때 다른 개미들은 뭐라고 대답하는가? "별이란 게 무엇인데?Qué son las estrellas?" •

•   로르카의 시 「모험가 달팽이의 체험담」 중 일부. 『로르카 시 선집』
        (을유문화사) 참고.

그의 시에서는 왜 달팽이가 계속 등장하는 걸까? 왜 그는 "그들은 내게 달팽이를 가져다주었다/그놈은 그 안에서 노래했다/새파란 바다를"이라고 쓴 걸까? 왜 그는 "작고 하얀 달팽이가 있는" 가을을 묘사한 걸까?

가르시아 로르카가 이렇게 '무엇'을 따졌던 까닭은 뭔가 기초적이고 근본적인 것들을 질문했기 때문일까? 당신이 생각하기에 '무엇'을 따지는 사람은 실제로 그럴 것 같지 않은가? 그 때문에 로르카는 위험한 사람이 되었던 걸까? 파시스트 독재 정권을 수립하려 했던 프랑코가 그를 살해한 이유도 바로 그 때문이었을까? 만일 경찰국가가 질문하는 사람을 썩 좋아하지 않는다면, '무엇'을 따지는 사람이야말로 경찰국가에게는 의심스럽고 위험한 인물이 아닐까?

랭스턴 휴즈는 1951년에 쓴 시에서 '무엇'을 질문함으로써 수십 년 뒤 도시에서 인종차별 종식을 위한 봉기가 일어날 것이라고 예언하지 않았던가? "유예된 꿈에 무슨 일이 일어났는가?"

쿠바 독립의 아버지이며 진정한 반항아였던 호세

마르티 역시 '무엇'을 따지는 매우 훌륭한 인물이지 않았는가? 그는 또 한 명의 반항아였던 랠프 왈도 에머슨을 칭송하는 내용의 글에서 이렇게 묻지 않았던가? "스스로 자신의 주인 노릇을 하는 사람이라면 어찌 왕 따위를 비웃지 않을 수 있겠는가?" 그야말로 정말 위험한 사람이 아닌가?

군사 독재를 꿈꾸었기 때문에 내심 두려움의 대상이기도 했던 장군 막시모 고메스에게 마르티는 무엇을 물어보았던가? "우리는 무엇인가, 장군?" 우리는 무엇인가? "우리는 우리 가슴에 불을 지르는 사상의 영웅이자 겸손한 종들이며, 고통 속에 있는 나라에 충성하는 친구들인가? 아니면 우리는 대담하고도 운이 좋은 카우디요caudillos(군벌)로서 손에는 채찍을 들고 발뒤꿈치에는 박차를 차고, 한 나라를 장악하기 위해 언제라도 전쟁을 치를 채비가 된 자들인가?" 대체 무엇인가?

'무엇인가?'라는 질문은 왜 이토록 근본적인가? '무엇인가?'는 도대체 무엇인가? 장 앙텔름 브리야 사바랭이 19세기 초에 『미식 예찬The Physiology of Taste』에서 다음과 같은 질문을 던졌을 때 무슨 일이 일어났는가? "송로버섯은 소화가 가능한가?" 이것이야말로 송로버섯을 먹기 전에 던져볼 만한 훌륭한 질문이 아닌가? 하지만 이것도 그의 이 질문만큼 근본적이라 할 수 있는가? "음식이란 무엇을 의미하는가?"

음식과 관련해 더 근본적인 질문은 다음과 같은 게 아닐까? "그것은 무엇인가?" 이스라엘의 식품가게에 들어가 보면 왜 항상 이런 질문을 접하게 되는 걸까? "마 하 제_{Mah ha zeh}(그것은 무엇입니까)?" 그리고 이에 대한 답변 역시 왜 늘 질문인 걸까? "마_{Mah}(무엇)?"

"그것은 무엇입니까?"

"무엇?"

이스라엘 사람들은 태생적으로 '무엇'을 따지는 사람들인 걸까? 그들은 근본적인 것들을 질문하는 민족인 걸까? 가장 보편적인 질문은 곧 가장 중요한 질문인 걸까? 만약 그렇다고 한다면 이는 결국 '무엇'이야말로 가장 중요한 질문이라는 의미, 즉 이스라엘 사람들은 그렇다고 믿는다는 의미가 아닐까? 이것이 그들이 하루 종일 "마? 마?", 즉 "무엇? 무엇?"이라고 말하면서 돌아다니는 이유일 수 있을까?

이런 질문은 우리를 어떤 결론으로 이끄는가? 아니, '무엇'은 질문이 아니라 단지 진술에 불과한 걸까? 그게 아니라면 그들은 '무엇'이 최초의 질문이라고 생각하는 것뿐일까? 그렇다면 왜 그들은 여기서 더 나아가지 않는 걸까? '무엇'이라는 질문에 대한 적절한 답변이 나오지 않았기 때문일까?

정말 중요한 질문은 오히려 '왜'가 아닐까? 하지만 탈무드는 다음과 같은 답변으로 우리를 멈춰 세우지 않는가? "왜 아니겠는가?" 이것은 단지 똑같은 질문의 부정적인 버전에 불과한 걸까? 아니면 오히려 긍정적인 버전인 걸까? 이스라엘 사람들이 '무엇'이라고 묻기를 선호하는 까닭은 탈무드조차도 '왜'를 역전시켰던 것처럼 '무엇'까지는 역전시키지 못한다는 사실을 알았기 때문일까?•

•   "왜?"라는 질문에 대해서는 "왜 아니겠는가?"로 반문할 수 있지만, "무엇?"이라는 질문에 대해서는 딱히 반문할 수가 없다는 의미.

여섯 번째 질문 Question Six

6

그래서 **?** ■ So?

"이 모두를, 나는 어떻게 설명해야 할까?"

유대인은 예나 지금이나 훌륭한 질문자가 아니었을까? 탈무드, 그중에서도 약 500년에 작성된 '게마라Gemara'라는 부분은 이 사실을 보여주는 사례가 아닐까?* 탈무드는 왜 항상 질문을 제기하는가? 탈무드가 랍비가 가르침을 모조리 담으려는 시도이며, 랍비가 가르치는 방식이란 곧 질문을

---

* 유대교에서 토라(Torah, 모세오경. 율법) 다음가는 권위를 지닌 탈무드(율법 해석집)는 크게 율법에 관한 해석인 '미쉬나(Mishnah)'와 미쉬나에 대한 주석인 '게마라'로 나뉜다.

제기하는 것이기 때문인가? 아니면 탈무드가 이런 방식으로 저술되었기 때문에 랍비들이 이런 방식으로 가르치는 것인가?

탈무드에서는 왜 아버지에게 아들에게 헤엄치는 법을 가르치라고 조언하는가? 내가 한 랍비에게 이런 질문을 던졌을 때 왜 그는 또 다른 질문으로 답변을 대신했을까? "탈무드의 답변은 아마 이럴 것입니다. '왜 안 되는가?'"

왜 탈무드는 답변을 굳이 질문의 형태로 하는가? 예를 들면 왜 "누가 현명한 사람인가? 모두에게서 배우는 사람이다"라고 말하는가? 그보다는 차라리 "모두에게서 배우는 사람이 현명한 사람이다"라고 말하는 편이 더 쉽지 않은가? "누가 부자인가? 자신의 몫을 기뻐하는 사람이다" 또는 "누가 영웅인가? 자신의 충동을 정복한 사람이다" 같은 Q&A 식의 내용이 탈무드에는 도대체 몇 개나 들어 있는가?

매년 유월절*이 되면 유대인들은 이 명절의 의미를 아이들에게 설명하기 위해 '하가다Haggadah'를 통해 네 가지 질문을 던지게 하는데, 하가다가 처음 고안된 시기가 바로 탈무드가 성립된 시기와 같다는 점은 단지 우연의 일치일까? 그리고 그 질문은 실제로는 다섯 가지인데도 왜 항상 '네 가지 질문'이라고 하는 것일까?**

탈무드가 이처럼 많은 질문을 던지는 까닭은 그 책에 처음 영감을 제공한 인물이 1세기의 위대한 랍비이며 그 자신도 훌륭한 질문자였던 힐렐Hillel이었기 때문인가? 그리고 그의 질문 일부가 오늘날까지도 기억되는 데는 그럴 만한 이유가 있는가? "만일 내가 나 자신을 위하지 않는다면 누가 나 자신을 위하겠는가? 만일 내가 남을 위하지 않는다면 나는 무엇인가? 그리고 지금이 아니라면 언제인가?" 이런 질문이 그의 가장

- 구약성서 「출애굽기」에 나온 유대 민족의 이집트 탈출을 기념하는 명절.
-- 네 가지 질문을 요약하면 다음과 같다. "왜 오늘 밤은 무교병(누룩 없는 빵)을 먹나요?" "왜 오늘 밤은 쓴 나물을 먹나요?" "왜 오늘 밤은 야채를 소스에 두 번 찍어 먹나요?" "왜 오늘 밤은 등을 기대고 앉아서 먹나요?" 이 네 가지 질문을 던지기 전에 "오늘 밤은 다른 날 밤과 어떻게 다른가요?"라는 질문이 나오기 때문에 저자는 질문이 실제로는 네 가지가 아니라 다섯 가지라고 지적하는 것이다.

훌륭한 질문이었는가? 아니면 단지 그의 가장 유명한 질문에 불과한가?

왜 탈무드는 '셰일라she'eilah(질문을 가리키는 고대 히브리어로 토라에서도 사용되었으며, 선물을 요청한다는 뜻에서 유래함)'가 아닌 다른 단어로 질문을 지칭하는가? 왜 탈무드는 질문을 지칭할 때 단단하다는 뜻의 히브리어 '쿠셰kusheh'에서 비롯된 '쿠시야kushiya'라는 단어를 굳이 사용하는가? 이는 바위가 단단하다고 말할 때의 단단함을 뜻하는가? 그 본성상 내구성이 있고 관통이 불가능하여 오로지 조금씩 깎아낼 수만 있는 어떤 것을 의미하는가?

결국 탈무드는 답변이야말로 우리가 반드시 얻어야 하는 뭔가라는 생각을 표현하는 것일까? 탈무드는 신참 기자들이 배우는 사실, 즉 모든 질문은 어려워야 한다는 사실을 말하고 있는 것일까? 하지만 과연 언론이 탈무드의 모범을 기꺼이 따르려고, 즉 훌륭한 질문은 완벽하게 답변할 수가 없는 법이라고 말하려고 들겠는가?

탈무드의 생각이 이디시어로 워낙 여러 세기 동안

남아 있었기 때문에 결국 화자의 목소리도 문장 끝부
분에 가서 높아졌고, 그리하여 진술조차도 질문처럼
들리게 되었던 걸까? 이디시어에 한 단어짜리 질문(예
를 들어 '누nu'는 '웅well?', '아조이azoy'는 '그래서so?'라는 뜻
이다)이 많은 이유도 바로 이 때문인가?

일곱 번째 질문 Question Seven

7

뭐? **■Nu?**

"더 자세히 봐야 하는가?"

훌륭한 질문자의 상당수
가 고대 문명에서 나왔다는 것은 무슨 의미일까? 우리
는 훌륭한 질문을 던지는 능력을 점차 잃어버리고 있
는 것일까? 아니면 지식이 질문으로 시작된다는 사실
을 잊어버린 것일까? 거의 모든 것을 최초로 발명했다
고 주장하는 중국인들이 훌륭한 질문을 던졌었다는
사실이 과연 놀랄 만한 일인가? 혹시 질문 자체도 그
들이 처음 발명했을까? 누가 알겠는가? 그나저나 그
들은 왜 그렇다고 주장하지 않는 걸까?

질문의 기술은 혹시 기원전 6~5세기 사이에 무려

30년 이상에 걸쳐 작성되었다고 여겨지는 『논어』보다 시기상으로 더 앞서는 것일까? 『논어』는 스승의 사후에 그 제자들이 집필한 것이므로 공자가 『논어』보다 시기상으로 더 앞섰다는 사실은 확실하지 않을까?

공자가 사실은 제자들이 기억하는 것보다 더 뛰어난 질문자였을 가능성도 있을까? 훌륭한 질문을 만들어내는 것에 집중되어 있는 중국 특유의 사상 양식을 만들어낸 사람은 공자였을까, 아니면 그의 제자들이었을까? 이런 양식이 나라의 후원을 받은 현자들의 토론에서 사용된 이유는 이런 토론마다 항상 공자의 추종자들이 한편에 자리 잡고 있었기 때문일까?

기원전 81년에 60명의 현자를 초빙해 토론회를 열었던 한漢의 소년 황제 소제昭帝가 유학자들을 향해 국가가 이익을 얻는 법을 물었을 때, 유학자들은 왜 다음과 같은 취지의 질문으로 답을 대신했던 걸까? "왜 폐하께서는 굳이 '이익'이라는 말을 사용하셔야 합니까?" 그렇다면 무슨 돈으로 군대를 유지하느냐는 반문에 왜 그들은 이렇게 대답했을까? "왜 우리가 군대에 돈을 지출할 필요가 있단 말입니까?" 원래는 소금과

철의 국가 전매가 현명한 조치인지 여부를 따지는 자리였던 이 토론이 졸지에 훌륭한 정부란 무엇이냐는 (사실은 지금까지도 연구 대상인) 내용을 다루는 훨씬 더 광범위한 토론이 되었던 것은 질문을 사용했기 때문일까?*

질문에 대한 답변으로 더 많은 질문을 제기하는 방식 때문에 이 토론은 지금까지도 생생하게 살아 있는 것일까? 어쨌거나 답변으로 답변하는 것은 결국 토론을 끝내버리는 경향이 있지 않은가?

사상을 질문으로 표현하는 이런 정신적 습관은 중국의 사상에 얼마나 영향을 미쳤을까? 그로부터 1천 년이 지난 후 곽희는 풍경화에 관한 유명한 에세이 「산수훈山水訓」**을 다음과 같은 질문으로 시작하지 않았던가? "왜 군자는 풍경山水에서 기쁨을 얻는가?" 그리고 이 에세이의 나머지는 바로 이 질문에 대한 답변

---

* 이 염철(鹽鐵) 회의의 내용은 훗날 『염철론(鹽鐵論)』이라는 제목으로 편찬되어 후세에 전해졌다.

** 중국 북송 시대의 화가 곽희(1020?-1090?)의 화론(畵論) 『임천고치(林泉高致)』가운데 한 장(章)이다.

이 아니었던가?

예수가 황금률이라 부른 것조차도 고대 중국의 질문으로 거슬러 올라갈 수 있지 않은가? 이 황금률이 가장 잘 진술되었을 때는 언제인가? 「마태복음」에 나온 것처럼 예수가 "남들이 너희에게 해주었으면 하고 바라는 대로, 너희도 남들에게 그렇게 행하라"라고 서술하면서 규범으로 제시했을 때인가? 아니면 당대의 저명한 학자이자 예수가 인용한 이 말의 원저자인 랍비 힐렐이 자기는 한 발로 서 있는 동안 토라 전체를 설명할 수 있다면서 일종의 수수께끼로 만들어 제시했을 때인가? 아니면 기원전 4세기에 중국의 반反유학자인 묵자墨子가 이를 질문으로 만들어 다음과 같이 물었을 때인가? "모든 사람이 남들을 자기 자신처럼 존중한다면 과연 누가 남에게 고통과 상처를 입히겠는가?"

질문에서 수수께끼를 거쳐 규범으로 나아가는 이런 과정이야말로, 질문에서 더 엄격한 주장으로 나아가는 역사적 변천을 보여주지 않는가? 이는 자유 의지에 근거한 합리적 선택에서 도덕적 명령에 대한 순응적 답변으로 우리를 데려가지 않는가? 그것이 이치에

닿기 때문에 사람들이 훌륭하게 행동하는 사회와 그렇게 해야 한다고 간주되기 때문에 사람들이 훌륭하게 행동하는 사회, 둘 중 어느 쪽이 더 강한 사회인가?

더 나중에 나타난 종교들도 질문을 던지는가? 비교적 최근에 나타났고, 종교적 의례도 비교적 적은 편인 프로테스탄티즘Protestantism의 질문은 어디에 있는가? 프로테스탄트의 설교 직전에 등장하는 합창곡인 칸타타는 유대인과 같은 방식의 질문으로 설교를 시작하지 않는가? 독일의 루터교 저술가 에르트만 노이마이스터의 가사에 붙인, 바흐의 놀라우리만치 아름다운 칸타타들은 매우 커다란 질문들로 가득하지 않은가? 그중에서도 가장 큰 질문 하나는 바흐의 칸타타 8번 「하느님이시여, 제가 언제쯤 죽겠습니까?Liebster Gott, wann werd ich sterben?」의 첫 줄에 등장하지 않는가?

어디**?**

■Where?

"나는 어디로 가는 걸까?"

페르시아는 어디에 있는가? 왜 더 이상은 그 이름으로 일컬어지지 않는가? 이란 문학에서 가장 중요한 책인『샤나메: 페르시아 제왕 열전Shahnameh: The Persian Book of Kings』을 아는 서양인이 극소수라는 사실이야말로, 이란에 대한 서양의 이해 부족을 가장 잘 보여주지 않는가? 이슬람교가 전파되기 이전의 페르시아 왕들에 관한 장편 서사시이며 10세기의 시인 아볼카셈 페르도우시Abolqasem Ferdowsi가 평생에 걸쳐 썼다는 이 책은 왜 다음과 같은 질문으로 시작할까? "세계 군주의 왕관을 추구했던 최초의 인간에 관해 페르시아의 시인이 무슨 할 말이 있단 말인가?"
이 작품이 이 질문으로 시작되는 까닭은 그 첫 번째
왕에 관해서는 알려진 바가 거의 없다는 게 저자의 답
변이기 때문일까? 그렇다면 무려 900페이지에 달하
는 서사시를 시작하는 더 나은 방법은 무엇일까? 그의
말이 질문이 아니라 진술이었다면 이처럼 압도적인
작품을 시작할 수 있었을까? 과연 어떤 진술이 그와
같은 도전에 적합했을까? 미지의 신화 시대 이야기를
시작하는 정직한 방법은 오직 질문이 아닐까? 그것에
대해 아는 바가 별로 없다는 사실을 시인할 작정이라
면 오히려 진술로 시작하는 게 잘못이 아닐까?

이란이 어디 있는지 아는 미국인은 얼마나 될까?
미국인은 지리에 관한 지식이 워낙 부족하기 때문에
세계의 여러 사건들을 이해하는 데 실패한다는 지적
을 받곤 하는데, 이것이야말로 미국인이 '어디?'라는
질문을 던지지 못한다는 뜻이 아닐까?

하지만 사람들은 '어디?'라고 물어보느라 너무 많
은 시간을 소비하는 건 아닐까? "이것은 어디서 만든
것입니까?" "당신의 고향은 어디입니까?" "국경선은

어디입니까?" 인종차별주의와 극단적 민족주의의 상당수는 이 '어디?'라는 질문에 너무 많은 시간을 소비한 결과가 아닐까?

그래도 '어디?'라는 질문에 대한 답변은 종종 우리가 알아야 할 중요한 사실이 아닌가? 먼 나라에서 벌어지는 전쟁에서 싸우기 위해 파견되는 젊은이들 상당수가 정작 그 나라가 어디 있는지도 잘 모른다는 사실은 어딘가 좀 불편하지 않은가? 파괴적인 허리케인이 곧 육지에 상륙할 예정이라고 하는데, 그게 어디에 상륙할지를 아는 것은 중요하지 않은가? 전화를 받았는데 전화한 사람이 어디서 전화를 거는지 모른다면 적어도 그 통화에서 우리가 두 번째로 하게 될 질문은 '어디?'이지 않은가? 우리는 보통 '누구?'라고 물어본 다음에야 '어디?'라고 물어보지 않는가? "누구세요? 지금 어디서 전화하시는 거죠?" 그 전화가 어디서 걸려온 것인지도 모른다면 과연 그 대화를 제대로 이해할 수 있는가? 요컨대 '어디'야말로 뭔가를 이해할 수 있도록 만들어주는 맥락이 아닐까?

트라피스트* 수도사이자 아시아 종교 연구자이며

뛰어난 질문자인 토머스 머튼이 종종 "어디?"라고 물었다는 사실은 과연 놀랄 만한 일인가? 머튼 같은 구도자가 이런 질문을 한다는 것은 모든 일을 할 수 있으면서 아무 일도 하지 않는 하늘과 땅의 수수께끼를 묵상했을 때처럼 자연스럽지 않은가?

이런 무위無爲에 이를 수 있는
사람은 어디 있는가?

게다가 머튼은 "도道란 어디 있는가?", "당신의 덕德은 어디로 갔는가?"처럼 다른 종류의 '어디'라는 질문도 제기하지 않았던가? 만일 당신이 이 질문에 답변할 수 있다면 당신은 자기 자신에 대해 많이 알고 있는 게 아닐까? 하지만 무려 70권에 달하는 저서에서 나온 그의 궁극적인 질문은 '어디'가 아니라 다음과 같은 질문이 아니었던가? "나는 본받을 만한 인간인가?"

● 가톨릭 교회의 한 관상수도회. 17세기에 결성되었으며 보다 개혁적이고 금욕적인 특징을 지닌다.

아홉 번째 질문 Question Nine

9

언제**?**
■ **When?**

"언제일까?"

전쟁이 대부분 선언과 함께 시작되는 반면, 대화(전쟁에 불가피하게 뒤따르는 대화도 포함해서)는 질문으로 시작하는 것이 최고라는 말은 사실이 아닌가? 그렇다면 전쟁도 차라리 질문으로 시작하는 것이 더 낫지 않을까? 선언 대신 질문을 사용한다면 전쟁이라는 부분을 뛰어넘는 결과를 낳을 수 있을까?

만일 1776년에 토머스 제퍼슨이 '독립선언서'를 쓰지 않고 '식민지와의 유대 관계에 관한 질문'을 썼다면 오히려 더 생산적이지 않았을까? 아울러 8년간의 유혈극도 피할 수 있지 않았을까? 제퍼슨이 독립선언서를 군이 '언제when'라는 단어로 시작했던 까닭은 (물론 그는 '언제'를 질문으로 사용한 것은 아니었지만) 혹시나 인내심이 부족한 혁명가들이 평소에도 즐겨 묻던 질문이 "언제?"이기 때문이었을까? 혁명가들을 가리켜 인내심이 부족하다고 말하는 것은 사실상 중복 표현일까? 인내심의 부족이야말로 그들을 혁명가로 만든 요인이 아닐까? 독립선언서가 "언제인가, 인간사의 경로에서 한 인민people이 다른 인민과 맺었던 정치적 유대를 해소하는 것이 필연적이 되는 때"*라고 시작되지 않고 다음과 같이 시작되었으면 어땠을까? "언제인가, 인간사의 경로에서 한 인민이 다른 인민과 맺었던 정치적 유대를 해소하는 것이 필연적이 되는 때는?"

하지만 제퍼슨이 질문에 답변하려고 애쓰는 영국

---

* 미국 독립선언서의 첫 구절. 원래는 "인간사의 경로에서 한 인민이 … 필연적이 되는 때"라고 'when'을 '때'로 옮겨야 하겠지만 여기서는 '언제(when)'라는 단어를 부각시키려는 저자의 의도에 따라 직역했다.

인들의 오래된 놀이를 과연 하고 싶었을까? 독립선언서는 영국인이 선언적 진술을 사용하지 않는다는 사실에 근거해서 작성된 것이 아닐까? 영국인의 오래된 습관대로라면 제퍼슨이 기대할 수 있었을 법한 최선의 답변은 다음과 같은 것이 아니었을까? "어쩌면 지금이 딱 좋은 때일 수도 있겠군요, 안 그런가요?"

열 번째 질문 Question Ten

10

안
그런가**?**
■ Isn't It?

"이것은 어떻게 끝나는가?"

만일 불필요한 질문의 기술에 통달한 민족이 이 세상에 있다면, 바로 영국인이 아닐까? 아니면 단지 영어 자체가 원래 그런 것일까? 어떻게 그들은 모든 것을 질문으로 바꿔놓을 수가 있을까? 그들은 정말 그렇게 하지 않는가? 제국의 실패로 인해 이 세상에는 확실한 것이 하나도 없다는 사실을 역사로부터 배운 까닭일까?

하지만 나는 영어 역시 프랑스어와 마찬가지로 어떤 답변을 찾고 있지는 않으며, 영국인은 단지 그게 매너라고 생각하기 때문에 질문을 던지는 것뿐이라는 의구심을 왜 떨칠 수 없는 것일까? 혹시 그들은 선언적 진술이 무례하다고 생각하는 것일까? 실제로 런던의 거리에서 이루어지는 가벼운 대화는 다음과 같이 전적으로 질문으로만 이루어지지 않는가?

"어떻게 지내?"
"너는?"
"힘든 하루였어, 안 그래?"
"음, 일주일 동안이나 비가 왔지, 안 그래?"
"정말 더럽게 끔찍했어, 안 그래?"
"맞아, 안 그래?"
"오, 너무 늦지 않았어?"
"그런가?"
"하루 종일 수다만 떨고 있을 수는 없잖아, 안 그래?"
"그래도 정말 그럴 수만 있다면 좋을 거야, 안 그래?"

이것은 내 상상일 뿐일까? 아니면 영국인에게는 상대방을 압도하려는 생각에서 비롯된, 논쟁을 좋아하는 기질이 깃들어 있는 것일까? 혹시 대화를 나누는

두 사람은 어찌어찌 상대방을 유인해서 질문이 아닌 선언적 진술을 하게 하려고 시도하는 것일까? 왜 그런 것일까? 누가 더 매너가 좋은지를 가리려고 하는 것일까?

열한 번째 질문 Question Eleven

11

노예**?**
■ **Thralls?**

"내일은 과연 다를까?"

그것은 무엇을 이루었던가? 그것은 과연 그럴 만한 가치가 있었는가? 그것은 어떻게 일어났던가? 우리는 어떻게 그것을 멈출 수 있었나? 정말로 그처럼 많은 사람이 죽어야 했는가?

전쟁이 끝나고 나면 물어볼 질문이 무척 많지 않은가? 그중에서도 가장 큰 질문은 다음과 같은 것이 아닐까? "이제 우리 어떻게 하지?" "이걸 어떻게 가치 있게 만들지?" 아니면 평범한 군인이 늘 질문하는 것과 같은, 예를 들어 제2차 세계대전을 소재로 한 노먼 메일러의 소설 『벗은 자와 죽은 자The Naked and the Dead』에 나온 것과 같은 질문이 아닐까? "GI(병사)들은 헛되이 죽은 걸까요?"

매번 전쟁이 끝날 때마다 이런 질문이 제기되었지만 아직까지 한 번도 답변이 나온 적이 없었다니, 어떻게 이런 일이 가능했을까? 만일 답변이 나왔더라면 그것은 결국 전쟁의 영원한 종식을 의미하기 때문일까? 아니면 병사들이 계속 이런 질문을 던지기는 했지만 정작 누구도 실제로 그 답변을 듣고 싶어 하지는 않았기 때문일까? 일반 사병의 의견에는 귀를 기울이지 않는 이유도 그래서일까? 일반 사병을 열병에는 이용하지만 인터뷰에는 이용하지 않는 이유도 그래서일까?

당신이 예상하기에는 어떤가? 제2차 세계대전이 끝나고 나서 이런 여러 가지 질문에 대한 답변이 실제로 나왔을 것 같은가? 1946년에 전 세계 지도자들과 작가들의 기고문을 엮고(물론 일반 사병의 기고문은 하나도 없었지만) 어니스트 헤밍웨이의 서문을 붙인 『자유로운 세계를 위한 보감Treasury for the Free World』이라는 책이 간행되었을 때, 당신은 이것이야말로 질문으로 가득한 책이 되리라고 생각하지 않았는가?

그렇다면 샤를 드골은 새로운 세계가 어떻게 세워져야 할지에 대해 뭐라고 물었던가? "프랑스 없는 세계를 어떻게 상상할 수나 있겠습니까?" 하지만 적절하게도 '드골de Gaulle'*이라는 이름을 가진 그가 프랑스에 관해 말할 때마다 대개는 자기 자신에 관해 말하지 않았던가?

『자유로운 세계를 위한 보감』에서 시인 칼 샌드버그는 "우리는 반드시 우리 자신을 해방시켜야 한다"는 링컨의 말을 인용하면서, 이것이 비록 고귀한 감정이긴 하지만 도대체 무슨 뜻이냐고 묻지 않았던가?

그리고 노예란 무엇인가? 그리고 노예란 누구인가?

제2차 세계대전이 끝난 바로 그 순간 가장 훌륭한 질문이 다름 아닌 독일인 토마스 만에게서 나왔다는 사실은 정말로 놀랍지 않은가? 그는 원래부터 훌륭한

---

* 직역하면 '골의-'라는 뜻으로, '골'은 로마 시대의 갈리아(현재의 프랑스)를 말한다. 저자는 샤를 드골이 그 이름부터 프랑스를 대표하는 인물이라고 여기는 것이다.

질문자가 아니었던가? 절대적으로 아무런 일도 벌어지지 않는 폐결핵 요양원을 무대로 한 700페이지에 이르는 소설 『마의 산The Magic Mountain』에 붙인 서문에서 그는 다음과 같이 물어보지 않았던가? "어떤 이야기가, 단지 그 이야기를 하는 데 필요한 시간과 공간 때문에 재미 면에서는 짧고 지루함 면에서는 길게 느껴지는 때는 과연 언제인가?"* 이에 못지않게 긴 소설 『부덴브로크 가의 사람들Buddenbrooks』에서도 그는 질문으로 이야기를 시작하지 않았던가? "이것은 무엇을 의미하는가?" 이것이야말로 핵심적인 질문이 아닌가?

1946년에 토마스 만이 "한 나라에 소속되는 것, 한

---

* 『마의 산』 서문에 등장하는 유명한 구절인데, 영역본에서도 번역자에 따라 약간씩 뉘앙스가 다르게 옮겨진 부분이다. 최근의 우리말 번역본(을유문화사)에는 이렇게 되어 있다. "이야기를 하는 데 필요한 공간과 시간 때문에 이야기가 재미있거나 지루하게 느껴진 적이 언제 있었던가?"(상권, 10-11쪽). 하지만 본문에 인용된 영역본에서는 이 구절이 결말의 "너의 이야기가 끝났어. … 짧지도 길지도 않은 연금술적인 이야기였지"(하권, 726쪽)와 호응한다는 것을 드러내기 위해 번역자가 의도적으로 '짧다'와 '길다'의 뉘앙스를 살려준 것으로 보인다.

나라의 영적 전통 속에서 일한다는 것은 과연 어떨까?
… 한 나라가 되고자 하는 필사적이고도 과대망상적
인 노력 때문에 전 세계가 그토록 고통을 받는다니!"
라고 질문했을 때, 그는 가장 근본적인 질문을 던졌을
가능성이 있을까? 그런데 왜 그는 이 질문을 물음표가
아닌 느낌표로 끝낸 걸까? 이제 그로부터 60년이 지
난 후에(그리고 베트남, 보스니아, 르완다, 이라크, 아프가
니스탄 이후에) 이 질문은 1946년에 칼 샌드버그가 내
놓은 다음 질문만큼이나 타당한가?

　　혹시 나는, 혹시 당신은 너무 조용했던 걸까?
　　침묵이라는 손쉬운 범죄가 있었던 걸까?

열두 번째 질문 Question Twelve

12

어?

■ Huh?

"내 두뇌에 무슨 일이 벌어진 걸까?"

왜 어니스트 헤밍웨이는 질문으로 이야기를 시작하기를 좋아했던 걸까? 이 때문에 그는 훌륭한 질문자가 되었던 걸까? 이런 질문들의 목적은 무엇이었을까? 또 다른 질문들로 이끌어나가는 것이었을까? 그렇다면 저자와 마찬가지로 독자는 질문과 함께 시작하는 셈일까? 헤밍웨이의 질문들이 야기하는 또 다른 질문들은 무엇일까?

왜 그는 단편소설 「프랜시스 매코머의 짧지만 행복한 생애The Short Happy Life of Francis Macomber」를 이렇게 시작했을까? "라임 주스로 하시겠어요, 아니면 레몬 스

퀵시로 하시겠어요?"

왜 그는 「5만 달러Fifty Grand」를 이렇게 시작했을까?
"어떻게 지냈어, 잭?"

왜 그는 「오늘은 금요일Today is Friday」을 이렇게 시작
했을까? "자네, 빨간 걸 마셔봤나?"

왜 그는 「바다의 변화The Sea Change」를 이렇게 시작
했을까? "'알았어.' 남자가 말했다. '그래서 어쨌다
고?'"•

헤밍웨이는 왜 이런 이야기들의 시작부터 독자를
다음과 같은 질문으로 이끌어가는 것일까? "그래서 어
쨌다고?" "어떻게 지냈어?" 아마도 이런 질문을 받으
면 독자는 이렇게 묻게 되지 않을까? "젠장, 도대체 무
슨 말을 하고 싶은 거야, 헴?" 이를 달리 말하면 "어?"
가 아닐까?

'어?'는 어떤 유형의 질문일까? 왜 이런 말이 있는

• 　　정확히 말하면 「프랜시스 매코머의 짧지만 행복한 생애」와 「오늘
　　은 금요일」은 위에 인용한 대사로 시작하지 않는다. 그 대사가 나
　　오기 전에 별도의 지문이나 묘사가 있다.

걸까? 그 존재야말로 질문하기의 중요성에 대한 확언
이 아닐까? 무엇을 물어봐야 할지 모른다고 해도, 물
어보는 것 자체만으로도 가치가 있다고 이야기하는
것은 아닐까?

열세 번째 질문 Question Thirteen

13

이게
불운한 건가 ?
■ Is This Unlucky?

"왜 나지?"

'13'이라는 숫자는 왜 불운한 걸까? 그게 불운한 숫자라는 걸 당신이 믿지 않는다고, 혹은 당신이 운이라는 것 자체를 믿지 않는다고 가정하면 어떨까? 여기서 '믿는다'는 단어가 중요한 걸까? 믿음은 당신이 항상 뭔가를 확실하게 알지는 못한다는 사실을 의미하지 않는가?

우리는 어떻게 뭔가를 확실히 알 수 있을까? 정말 그럴 수만 있다면, 우리는 과연 질문을 할 필요가 있을까? 정말 그럴 수만 있다면, 우리에게 과연 운이란 게 필요할까? 운이란 무엇일까? 운이란 그걸 따질 만

한 가치가 있는 것일까? 거기에 수반되는 위험과 불확
실성을 고려해보면 차라리 그냥 열네 번째 질문으로
넘어가는 것이 최선은 아닐까?

열네 번째 질문 Question Fourteen

14

브루클린 **?**
■ Brooklyn?

"거기 누가 있나요?"

미국다움이란 무엇인지 가장 잘 정의한 인물이자 이를 노래로 만들어 부른 월트 휘트먼이 바로 브루클린 출신이었다는 사실, 즉 미국 그 자체와는 거의 닮은 부분이 없다고 여겨지는 지역 출신이었다는 사실은 상당히 흥미롭지 않은가?

미국을 정의하고 미국을 노래하는 것, 이런 행동은 질문을 던지는 그의 성향과 무슨 관련이 있는가? 그는 이렇게 물어보며 시작하지 않았던가? "미국이란 무엇인가?" 이는 브루클린 출신 사람들이 종종 하는 질문이 아닌가?

휘트먼의 질문들에는 뭔가 근본적인 게 있지 않은가? 내가 작가로서 그의 시 「나는 무엇인가, 결국?What Am I, After All?」을 외우는 이유도 그래서는 아닐까?

나는 무엇인가, 결국, 내 이름 부르는 소리에 기뻐하는 아이일 뿐이지 않은가?

하지만 저술가로서 휘트먼은 이보다 더 근본적인 질문들, 즉 다음과 같은 것들을 묻지 않았던가?

당신 생각에는 내가 무엇을 기록하려 펜을 잡은 것 같은가?
돛을 활짝 펼치고 오늘 저 앞바다를 지나던, 완벽하게 만들어지고 위풍당당했던 전함일까?
지나간 낮의 찬란함일까? 아니면 나를 에워싼 밤의 찬란함일까?
아니면 내 주위로 펼쳐진 대도시가 과시하는 영광과 성장일까?•

그렇다면 휘트먼은 이 질문에 어떻게 한마디로 대답했을까? 그 다음 행은 무엇일까? 혹시 "아니요" 일까?

우리는 이름 없는 사람이 될지 모른다는 두려움 때문에 움직이지 않는가? 그 두려움은 바로 '나는 누구인가?'라는 질문의 답변에 관한 두려움이 아닌가? 이는 우리가 완고한 태도를 지닌 누군가와 마주할 때면 흔히 다음과 같은 질문을 하게 되는 이유가 아닌가? "너는 도대체 네가 누구라고 생각하는 거야?"^{**} 과연 누가 이 질문에 속 시원하게 대답할 수 있을까? 하지만 이보다 더 나쁜 질문도 있지 않은가?

설령 자기가 이름 없는 사람이라는 사실을 발견한다고 해도, 그게 그토록 끔찍한 일일까? 아예 존재하지 않는 것보다야 더 낫지 않을까? 수많은 이름 없는 사람들 사이에서 또 한 명의 이름 없는 사람이 된다는

-     동명 시의 일부.
-     우리 식으로는 "네가 뭐라고 그렇게 잘난 척을 해?" 정도의 의미다. 다만 여기서는 저자의 의도를 살려 직역했다.

것이 그렇게 나쁜 일인가? 시인 에밀리 디킨슨이 「나는 이름 없는 사람이에요! 당신은 누구십니까?I'm Nobody! Who are you?」라는 시를 썼을 때 그녀가 생각한 것도 바로 그것이었을까?

당신도 이름 없는 사람인가요?
그럼 세상에 우리 한 쌍이 있는 건가요?

누구**?**
■ Who?

"이게 누굴까?"

여기서 한 가지 고백을 해도 될까? 학생 시절에 나는 단테 가브리엘 로제티Dante Gabriel Rosetti*의 이름을 잘못 보고, 그가 가브리엘라 로제티Gabriela Rossetti이고 사실은 여자라고 생각한 적이 있었는데, 그의 이름을 제대로 알거나 모르는 게 과연 중요한 일일까? 단테 가브리엘 로제티에 대해 확실한

---

* '댄티(또는 단테이) 게이브리얼 로제티'가 맞는 발음이지만 여기서는 그의 이름의 기원인 시인 '단테'와 연결해 설명하므로 그냥 '단테 가브리엘 로제티'로 옮겼다.

사실은 무엇인가? 이탈리아계인 부모가 이탈리아 시인의 이름을 따서 그의 이름을 지었지만 그는 영국의 시인이었다는 사실인가? 사실은 그가 그림으로 더 잘 알려져 있는데도 불구하고 여전히 시인으로 간주된다는 점인가? 시인은 질문을 던져야 마땅하다고 한다면, 최소한 우리는 그가 시인이라고 말할 수 있을까?

그녀가 없는데 그녀의 거울이 무슨 소용이랴?
달의 얼굴을 비추지 않는 웅덩이에는 공허한 회색뿐.
그녀가 없는데 그녀의 옷이 무슨 소용이랴?
조각구름에서 달이 지나간 자리에는 텅 빈 공간뿐.
그녀가 없는데 그녀의 산책로는?

그렇다면 시인은 질문을 던지는 인물인가? 존 키츠는 '왜'라고 묻지 않았던가?

왜 나는 오늘 밤에 웃었는가?[*]

---

[*] 존 키츠의 시 「왜 나는 오늘 밤에 웃었는가」의 일부.

그는 '어디'라고 묻지 않았던가?

봄의 노래는 어디 있나? 아, 어디에 있는가?[*]

또 '어디'라고 묻지 않았던가?

'어디로' 가시나, 그대 데번의 처녀여?
바구니 안에는 무엇을 갖고 있는가?
작고 깜찍한 요정, 낙농장에서 갓 나온,
혹 내가 달라면 크림 좀 건네줄 텐가?[**]

그리고 무엇보다도 '누구'라고 묻지 않았던가?

보라! 누가 감히 "이렇게 하라" 말하랴? 누가 감히
내 의지를
그 높은 목적으로부터 깎아내릴 수 있을까? 누가 말

---

[*] 「가을에 부쳐(Ode to Autumn)」의 일부.
[**] 동명 시의 일부.

하라, "일어나라,"

　　또는 "가라"고?•

　하지만 키츠를 인용하는 행위만 가지고도 '누구'라
는 질문이 제기되지 않는가? 과연 누가 키츠를 인용하
면서 그 인용문이 셸리P. B. Shelley의 것은 아니라고 확신
할 수 있는가? 그걸 확신하는 것이 중요한 까닭은 누
군가가 "아닌데요, 그건 셸리입니다"라고 말할 수 있
는 확실성 때문일까? 그래도 그 사람은 차라리 이렇게
묻는 편이 더 현명하지 않을까? "그거 혹시 셸리 아닌
가요?"

　대략 같은 시기에 살았던, 그리고 매우 일찍 사망
했다는 공통점까지 지닌 두 명의 영국 낭만주의 시인
을 우리는 어떻게 구분할 수 있을까? 셸리도 키츠처럼
질문자였을까? 그는 '어떻게'라고 묻지 않았던가?

•　「내게 월계관을 보내준 아가씨에게(To a Young Lady Who Sent Me a
　Laurel Crown)」의 일부.

어떻게 해야만 나 같은 사람이

당신을 도로 차지할 수 있을까?[•]

그리고 예술_{art}도?^{••}

너는_{art thou} 지친 나머지 안색이 창백한 것이냐,

하늘을 기어오르고 땅을 응시하고,

동반자 없이 떠돌아서이냐,

서로 다른 출생을 지닌 별들,

계속 변화하는 것이, 계속 바라볼 가치가 있는 대상은

발견한 적이 없어 보이는 기쁨 없는 별들 사이를 떠

돌아서?^{•••}

- 「노래(Song)」의 일부.
- 저자는 여기서 art를 일반적인 '예술'의 의미로 사용했지만, 바로 다음에 나오는 셸리의 시에 나온 art는 are의 고어형이라서 '예술'과는 무관하다. 결국 이 대목은 저자의 재치 있는 말장난이라고 해야 맞지만, 아쉽게도 번역으로는 뉘앙스를 옮기기가 불가능해 부득이하게 주석으로 설명했다.
- 셸리의 시 「달에게(To the moon)」 전문.

150

하지만 그는 키츠가 했던 것처럼 진정한 질문자였을까? 예를 들어 셸리의 시 「질문The Question」(이건 키츠의 것이 아니라 셸리의 것이 맞을 것이다, 그렇지 않은가?)조차도 마지막에 꽃다발을 누구에게 건넬지 여부와는 무관하게 많은 것을 물어보지 않았던가? 우리는 키츠야말로 진정으로 질문을 던진 사람이라고 말할 수 있지 않을까?

아니면 더 본질적인 '누구'라는 질문은 에스파냐의 유명한 '98세대' 시인 안토니오 마차도가 다음과 같이 물어본 것이 아닐까? "내 질문에 답하라 — 나는 누구에게 말하는가?" 아니면 그가 그 시의 뒤에서 다음과 같이 물어보면서 '누구'의 문제를 더 깊이 파고든 것일까? "내가 누구인지가 무슨 문제가 된단 말인가?" 이것이야말로 토크빌보다도 훨씬 더 긴 이름(안토니오 치프리아노 호세 마리아 이 프란치스코 데 산타 아나 마차도 이 루이스Antonio Cipriano José María y Francisco de Santa Ana Machado y Ruiz)을 가진 사람에게는 딱 맞는 질문이 아닌가?

열여섯 번째 질문 Question Sixteen

16

프로이트는
뭘 원했나

■ What Did Freud Want?

"그녀는 무엇을 원하는가?"

어머니와 아내, 세 딸들로부터 사랑을 받은 남자의 결론은 이것이었을까? 지그문트 프로이트의 크고도 해결 불가능한 질문, 즉 그의 '중요한 질문'은 무엇이었는가? 그의 말마따나 "여자들은 무엇을 원하는가Was will das Weib?"가 아니었을까? 이것이야말로 마릴린 먼로가 조 디마지오와 결혼했을 때도 나왔던 질문이자, 때때로 거듭해서 등장하는 지속적인 질문 가운데 하나가 아닐까? 하지만 이 때문에 당신은 프로이트에 대해 딱한 마음을 품게 되지 않는가?

이 질문은 결국 여자들이 원하는 것은 그들의 이야기를 들어줄 정신분석가일 뿐이라는 뜻일까? 아니면 지나친 일반화에 불과할까? 비록 남자들이(최소한 '나'라는 남자가) 보기에, 여자들은 함께 모여 있을 때만 해도 정말 그런 것처럼 이야기하지만 솔직히 여자들이 모두 똑같은 것을 원할 가능성은 별로 없지 않은가?

　한때 니체는 여자들이 '깊다'고 간주되는 이유가 무엇이냐고 질문한 적이 있었는데, 혹시 프로이트는 니체를 읽은 것일까? "어느 누구도 여자들에게서 바닥을 발견하지 못했기 때문"이라던 니체의 답변이야말로 프로이트가 찾던 답변은 아니었을까?

내가
꼭 **?**
■ Should I?

"그래서 질문이 무엇인가?"

질문으로 유명한 작가를 꼽으라면 윌리엄 셰익스피어가 가장 월등하지 않은가? 그런데 그의 작품 제목 가운데 상당수는 꽁무니에 물음표를 달고 있어야 마땅하지 않은가? 『헛소동Much Ado About Nothing?』, 『끝이 좋으면 다 좋다All's Well That Ends Well?』, 심지어 『리처드 3세Richard III?』 등 이들 작품은 정당성을 둘러싼 문제를 소재로 삼고 있지 않은가?*

만약 셰익스피어가 질문에 대한 심오한 식견을 갖고 있지 않았더라면 과연 율리우스 카이사르에게 질문을 던지게 했을까? "에트 투, 브루테Et tu, Brute(너도냐,

브루투스)?" 또 한 가지 질문을 제기하자면, 비록 이 희곡의 등장인물들이 로마인이긴 하지만 실제로는 연극 내내 영어로 말하는데, 어쩌다가 카이사르가 죽으면서 던지는 질문 하나만큼은 라틴어가 되었던 걸까? 그가 정말로 심각한 상황이었기 때문일까? 당신의 가장 친한 친구가 당신을 암살하려는 음모에 가담했음이 밝혀진 순간이라면, 그때야말로 라틴어로 질문을 던질 만한 순간인 것인가? 정말로 그런 것인가?

셰익스피어가 쓴 것 중에서도 의문문이 가장 길게 연결된 대사 하나는 왜 하필 반反유대주의를 주제로 삼고 있을까?

유대인은 눈을 갖고 있지 않습니까? 유대인은 손과
장기臟器와 부피와 감각과 애정과 정념을 갖고 있지 않

- 『헛소동』에는 정숙한 처녀가 억울하게 간통 혐의를 쓰고 파혼을 당하는 이야기가 나온다. 『끝이 좋으면 다 좋다』에는 똑똑한 처녀가 자신을 거부하는 정혼자를 설득하려고 자기 신분을 속인 채 동침해서 애정의 증표를 얻어내는 이야기가 나온다. 『리처드 3세』에는 주인공이 왕위를 찬탈하는 이야기가 나온다.

습니까? 기독교인과 마찬가지로 똑같은 음식을 먹고, 똑같은 무기에 다치고, 똑같은 질병에 걸리고, 똑같은 방법으로 치료되고, 똑같은 겨울과 여름에 더웠다 추웠다 하지 않습니까? 당신이 우리를 찌르면 우리는 피 흘리지 않습니까? 당신이 우리를 간질이면 우리는 웃지 않습니까? 당신이 우리를 독살하면 우리는 죽지 않습니까? 당신이 우리에게 잘못하면 우리가 복수하지 않겠습니까?•

이 질문 가운데 왜 어느 것도 실제로는 답변을 요구하지 않는 것일까? 프랑스인이 반유대주의를 항상 '유대인 문제The Jewish Question'라고 일컫는 것과 같은 이유에서일까? 아니면 셰익스피어가 단지 그럴싸한 유대인 등장인물을 만들어내려고 시도한 것뿐일까? 그는 단지 유대인이 질문을 많이 한다는 점에서 나와 의견을 같이했던 것뿐일까?

•   『베네치아의 상인』 3막 1장에 나오는 샤일록의 대사다.

셰익스피어의 가장 유명한 질문은 무엇인가? 햄릿 왕자의 바로 그 질문인가? "죽느냐, 사느냐To be or not to be?" 이것이 정말로 질문이라고 할 수 있는가? 단지 데카르트의 '나는 생각한다, 고로 나는 존재한다'의 자기중심적인, 또는 우울한, 또는 무력한 버전에 불과하지 않은가? 혹시 햄릿의 문제는 그가 질문에만 몰두해 있다는 점이 아니었을까? 그는 질문을 던지는 데 너무 많은 시간을 소비했던 걸까? 당신도 질문을 던지는 데 그렇게 많은 시간을 소비할 수 있는가?

내가 감히
해도 될까 **?**
■ **Do I Dare?**

"내가 감히 친구를 먹어도 될까?"

'내가 감히 해도 될까?'
이는 불가피하게 T. S. 엘리엇의 J. 앨프리드 프루프록
으로 논의를 이끌어가지 않는가?*

　　T. S. 엘리엇이 자신의 본명을 좀 더 분명하게 밝히
지 않았던 이유는 독자들로 하여금 질문을 던지게 하
려는 의도를 품었기 때문은 아니었을까? 그런 의도가
없었다면 왜 그는 프루프록이 등장하는 시를 이탈리

---

* 엘리엇의 시 「J. 앨프리드 프루프록의 사랑 노래」(1915)의 주인공.

아어로 시작했을까? 심지어 우리가 이탈리아어를 읽을 수 없다는 걸 알면서도 왜 그랬던 것일까?[*]

그리고 저자처럼 성姓으로만 지칭되는 프루프록이라는 인물은 작품 내내 분명하게 드러나지 않고 단지 슬그머니 암시되기만 할 뿐이며, 심지어 햄릿보다도 더 의문문에 몰두하고 있지 않은가? "내가 감히 해도 될까? 내가 감히 해도 될까?" 왜 그는 계속해서 이렇게 묻는 걸까? 무엇을 먹을지에 대한 결정에서부터 어떻게 머리를 단장할지에 대한 결정에 이르기까지, 과연 이 사람이 결정을 내릴 수 있는 게 있기는 한 걸까?

하지만 그가 햄릿처럼 질문에만 몰두했다면 왜 그는 "나는 햄릿 왕자가 아니다"라고 말하는 걸까? 이 모든 질문을 고려해보면 그야말로 오히려 햄릿처럼 보이지 않는가? 아니면 그는 자기 질문이 햄릿의 질문과 같은 수준은 아니라고 말하는 것일까? 질문들이 모두 동등하지는 않은 것일까? 그렇다면 둘 중에서 과연 누

---

[*] 이 시의 서두에는 단테의 『신곡』 「지옥편」 제27장에서 가져온 인용문이 나온다.

171

가 더 못한 사람인가? 질문을 던지지 않는 사람인가, 아니면 질문을 던지기는 하지만 훌륭한 질문이 전혀 없는 사람인가? 아니면 이런 수수께끼를 생각하는 나야말로 이 두 사람보다도 더 못한 사람인가? 아니면 누가 더 못한지를 따지는 이 질문 자체가 문제인 것일까?

열아홉 번째 질문 Question Nineteen

19

당신은 어디로
가십니까**?**

■ Where Are You Going?

"우리는 어디에 있는가?"

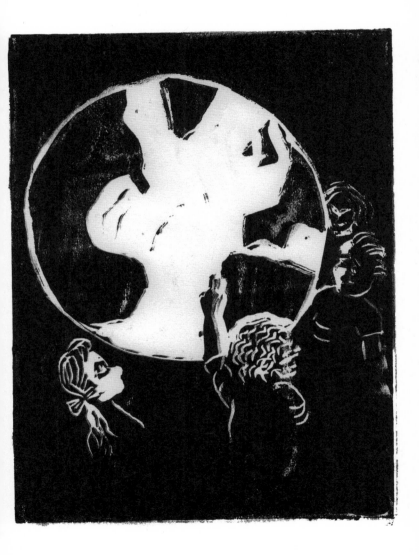

'쿠오바디스Quo Vadis?' 당
신은 어디로 가십니까? 왜 이것이 로마 가톨릭에서는
큰 문제인 걸까? 왜 베드로는 예수에게 "쿠오바디스?"
라고 물었을까? 왜 히브리인이 또 다른 히브리인에게
굳이 라틴어로 말하려 든단 말인가?

그런데 이 질문에 대한 예수의 답변이라고 전해진
말은 "나는 십자가에 못 박히러 로마로 간다"가 아닌
가? 이것이야말로 단지 더 많은 질문을 야기하기만 하
는 답변의 훌륭한 사례가 아닌가? 차라리 예수에게서
"오, 내 걱정은 말아라. 나는 단지 로마로 가서 십자가에 못 박히려는 것뿐이니까"라는 역설적인 느낌의 답변이 나왔어야만 더 유대인답게 들리지 않았겠는가? 하지만 십중팔구 예루살렘으로 돌아가는 중이었으면서도 예수는 왜 굳이 로마라고 말했으며, 왜 굳이 십자가에 못 박히러 간다고 말한 것일까? 혹시 질문 그 자체가 핵심이었던 걸까?

예수의 생애가 질문으로 끝났다는 것은 뭔가 의미심장하지 않은가? "하느님, 왜 저를 버리십니까?" 이 질문은 라틴어가 아니라 아람어로 기록되었다는 사실 때문에 더 진정성 있게 느껴지지 않는가? 아니면 이것이야말로 그가 받은 라틴어 질문보다 더 나은 질문이기 때문에 그런 것인가? 가장 훌륭한 질문은 답변이 불가능한 것일까? 그것이야말로 질문을 검증하는 진정한 방법일까? 아니면 쇼펜하우어가 생각한 것처럼, 답변을 얻지 못했다는 사실은 결국 잘못된 질문을 던졌다는 증거일 뿐일까?

하느님은 왜 예수를 버렸을까? 이것은 올바른 질문인가? 불가지론자에게는 핵심적인 질문인지 몰라도, 종교인에게는 잘못된 질문이 아닌가? 욥은 이런 질문을 던지려는 충동을 느끼지 않았던가? 종교인과 무신론자 간의 의견 차이는 바로 이 질문에 대한 답변을 놓고 갈라진 것이 아닌가? 만약 하느님이 있다면 왜 홀로코스트나 르완다 학살, 아이들의 죽음이 있단 말인가? 이것이야말로 종교의 핵심적인 질문이 아닌가?

하지만 내가 다른 질문을 던져도 될까? 만일 이야기가 거기서 끝났다고, 즉 예수가 질문을 던지는 것으로 끝났다고 가정하면 어떨까? 그것이야말로 훌륭한 이야기가 되지 않았을까? 그러면 기독교가 과연 발전하기는 했을까? 기독교 지도자들도 일찌감치 이런 문제를 감지했기 때문에 예수가 "왜 저를 버리십니까?"라고 물었을 때 사실은 질문을 던진 것이 아니라 "이것이 제 운명이군요"라고 말했던 것이라고 설명하기 시작했던 게 아닐까?

여기서 예수가 질문이 아니라 진술로 끝맺을 필요가 있었다는 점이 과연 핵심일까? 훌륭한 이야기는 질문으로 끝을 맺을 수 있는가? 물론 이 문제는 거기서 끝을 맺지 않았고 대신 예수를 부활시켜 영생을 누리게 함으로써 해결되지 않았던가? 하지만 그러지 않

왔더라면, "왜 저를 버리십니까?"라는 질문으로 이야
기가 끝나버렸다면 과연 이 이야기는 어디로 흘러갔
을까?

스무 번째 질문 Question Twenty

20

우리가 아이들에게
싫어하는 것은 **?**

■ **What Do We Hate
About Children?**

"그런데 왜?"

"아이는 하나의 개성으로 간주되어야 할까, 아니면 그 주위에 있는 사람들의 변덕과 공상에 따라 빚어진 하나의 대상으로 간주되어야 할까?"

19세기의 급진주의자 엠마 골드만이 이런 질문을 던졌을 때, 사실은 우리가 질문에 대해 얼마나 많은 인내심을 갖고 있는지를 물었던 게 아닐까? 만일 아이들이 개성을 표현할 수 있는 존재라면 그들은 끝도 없는 질문으로 개성을 표현할 가능성이 있지 않을까?

혹시 당신 주위에 당신이 무슨 말을 하든지 간에

"왜?"라고 대답하는 아이가 있었던 적이 있는가? "왜?" "왜?" "왜?" 이것이야말로 극도로 짜증이 나는 말이 아닌가? "왜(뭐야)?"라고 끊임없이 묻는 아이가 옆에 있을 때면 당신은 하던 일을 제대로 할 수가 없고, 계속해서 답변을 만들어내야 하기 때문이 아닐까? 하지만 랍비, 시인, 철학자의 경우처럼 지칠 줄 모르는 대화 상대라면 유형을 막론하고 이와 마찬가지가 아닐까?

예수의 생애와 마찬가지로, 이 책도 질문으로 끝을 맺는다면 자칫 불만족스러운 책이 될 위험에 처하진 않는가? 질문이란 우리가 진정으로 원하는 것인가? 질문이란 단지 운송 수단일 뿐이며 답변이야말로 궁극적인 목적지가 아닌가? 그렇다면 조만간(이 책의 경우에는 마지막에 가서야) 분명한 선언문이 하나 필요하지 않겠는가?

그렇다.

당신은 매우 젊고 아직 시작조차 하지 않았기 때문에 저는 최대한 강하게 당신에게 간청하는 바입니다. 선생, 부디 당신의 마음에서 해결되지 않은 모든 것을 인내하시고 '질문들 그 자체'를 마치 걸어 잠근 방들처럼, 마치 완전히 외국어로 저술된 책처럼 사랑하려 노력하십시오. 지금 답변을 찾으려 들지는 마셔야 하는데, 당신이 답변을 얻지 못하는 까닭은 당신이 그 답변에 따라 살 수 없기 때문입니다. 여기서의 핵심은 모든 것에 따라 살라는 것입니다. 지금 질문에 따라 '살기' 바랍니다. 그러면 당신은 점차적으로, 미처 깨닫지 못한 상태에서, 언젠가 먼 훗날에, 살아가다가 답변과 마주할 날이 올 것입니다.

– 라이너 마리아 릴케,
『젊은 시인에게 보내는 편지』중에서

"안에 남은 것이 더 있을까?"

누구에게
감 사_{해야 할까} **?**

          어떻게 내가 낸시 밀러에게 또다시 감사할 수 있을까? 내가 이미 347번이나 그녀에게 감사한 것처럼 보이지 않는가? 하지만 그녀가 계속 훌륭한 일을 해낸다면 나는 무엇을 더 할 수 있을까? 내 친구이자 에이전트인 샬럿 시디에게도 감사해야 하는 걸까? 이것이야말로 그녀가 이해하지 못하는 문제일까? 아니면 자기도 이해하지 못하는 것을 지지해주었기에 나는 그녀에게 감사해야 마땅한 걸까? 출판인 조지 깁슨에게는 뭐라고 해야 할까? 나는 그에게 감사해야 할까? 다시 한 번 그와 책을 작업하게 되어 내가 매우 행복하다는 이유, 단지 그것 때문일까? 아니면 그가 훌륭한 출판인이라 그런 것일까? 아니면 내가 그를 무척 좋아해서 그런 것일까?

나는 지성과 친절이라는 희귀한 조합의 보유자이며 뛰어난 질문자인 랍비 롤랜도 마탈론에게도 감사해야 하는 걸까? 그는 항상 흥미로운 아이디어로 가득하기 때문에, 그리고 그 덕분에 아비바 고틀리브 존버그Avivah Gottlieb Zornberg의 훌륭한 저술을, 특히 「출애굽기」에 관한 그녀의 눈부신 연구인 『환희의 명세서The Particulars of Rapture』*를 접하게 되어 그에게 감사해야 하는 걸까? 존버그에게 감사해야 한다면, 비록 그 내용에 전적으로 동의하지는 않았지만 저자의 추론과 저자가 제기한 질문이 무척이나 흥미로웠던 책 『위험한 놀이Dangerous Games』**의 저자인 마거릿 맥밀런에게도 마찬가지로 감사해야 하지 않을까?

-    '환희의 명세서'라는 제목은 대립자들의 상호 의존성을 노래한 미국 시인 월리스 스티븐스의 시에서 가져왔다고 한다.
-    국내에서는 『역사 사용설명서: 인간은 역사를 어떻게 이용하고 악용하는가』(권민 옮김, 공존, 2009)라는 제목으로 번역되었다.

이제 나머지 사람들에게는 어떻게 해야 할까? 니체에게 감사해야 할까? 아니면 그의 이름 철자를 정확히 쓴 것만으로도 감사로는 충분하다고 쳐야 할까?

아내 매리언과 딸 탤리아에게는 뭐라고 해야 할까? 다음과 같은 내 질문에 답변해준 것에 대해 그들에게 감사하다고 해야 할까? "내가 왜 여기 있지?"

이 책에는 어떤
사람이 나오는가?

이것은
인 명 찾 아 보 기인가 **?**

이 책의
저 자는 누구일까 **?**

이 사람이 바로 「뉴욕 타임스」 베스트셀러인 『대구Cod』, 『소금Salt』, 『바스크 세계사The Basque History of the World』, 『1968년1968』, 『커다란 굴The Big Oyster』, 『이스턴 스타스The Eastern Stars』를 비롯해 여러 권의 저서를 간행한 마크 쿨란스키인가? 이 질문에 대한 답변이 궁금한 사람은 그의 웹사이트(www.markkurlansky.com)를 방문하지 않겠는가?

무엇WHAT?

1판 1쇄 인쇄 2013년 12월 23일
1판 1쇄 발행 2013년 12월 31일

지은이 마크 쿨란스키
옮긴이 박중서

발행인 양원석
총편집인 이헌상
편집장 송명주
책임편집 이가영
교정교열 김순영
전산편집 김미선
해외저작권 황지현, 지소연
제작 문태일, 김수진
영업마케팅 김경만, 정재만, 곽희은, 임충진, 김민수, 장현기, 송기현,
          우지연, 임우열, 정미진, 윤선미, 이선미, 최경민

펴낸 곳 ㈜알에이치코리아
주소 서울시 금천구 가산동 345-90 한라시그마밸리 20층
편집문의 02-6443-8865 구입문의 02-6443-8838
홈페이지 http://rhk.co.kr
등록 2004년 1월 15일 제2-3726호

ISBN 978-89-255-5138-8 (03100)

※ 이 책은 ㈜알에이치코리아가 저작권자와의 계약에 따라 발행한 것이므로
   본사의 서면 허락 없이는 어떠한 형태나 수단으로도 이 책의 내용을 이용하지 못합니다.

※ 잘못된 책은 구입하신 서점에서 바꾸어 드립니다.

※ 책값은 뒤표지에 있습니다.

RHK 는 랜덤하우스코리아의 새 이름입니다.